Robin Hill
School
BOOK 4

The Pumpkin Patch

STORY
BOOK

written by Margaret McNamara

illustrated by Mike Gordon

Long tail Books

Robin Hill School
BOOK 4

The Pumpkin Patch

The Pumpkin Patch

Robin Hill School BOOK 4

written by Margaret McNamara
illustrated by Mike Gordon

Long tail Books

"Put on your coats!"
said Mrs. Connor.

Mrs. Connor's class
was going
on a field trip
to the pumpkin patch!

Katie was ready first.
She could not wait
to find
the perfect pumpkin.

The bus ride was long.

The whole time,
Katie imagined
the perfect pumpkin.

At the pumpkin patch
there were lots and lots
of pumpkins.

"You may each
take home
one pumpkin,"
said Mrs. Connor.
"Choose carefully."

Katie began
her search.

She looked
under vines.

She looked in
the straw.

She looked
in the mud.

At last Katie found it—
the perfect pumpkin!

Mrs. Connor's class
got back on the bus.

THE
**Pumpkin
Patch**

They showed off
their pumpkins.

"Mine is round,"
said Emma.

"Mine is tall,"
said Ayanna.

"Mine is big," said Neil.

"Look at Katie's pumpkin!"
said James.
"It is so small."

Katie's pumpkin was small.
It was very, very small.

Katie felt bad.
Her pumpkin
was not perfect.

Katie took her pumpkin home.

"I picked a bad pumpkin,"
she told her dad.

"That is not a bad pumpkin,"
  he said.
"It is a good pumpkin.
  Let me show you."

Katie's dad
cooked the pumpkin.
Then he cut it
into pieces.

Katie mashed the pieces.

And they made a pie.

Katie took the pie
to school.

"My pumpkin was small,"
she said.

"But it was sweet!
Now it is a pie."

The children loved
Katie's pumpkin pie.
"Your pumpkin was perfect!"
said James.

Welcome to the world of Robin Hill School, full of surprise and fun!

Mrs. Connor's first-grade class is going on a field trip! They are headed to the pumpkin patch to pick out pumpkins. Katie dreams of finding the perfect pumpkin. But the one she chooses is not perfect at all. It is too small! But then her father shows her that wonderful things often come in small packages.

The Pumpkin Patch

지은이 마거릿 맥나마라 · 성기홍

그림 마이크 고든

롱테일북스

이 책은 **영어 원서(별책)**,
그리고 영어 원서에 기반한 단어·쓰기 활동들을 담은
워크북(본책)으로 구성되어 있습니다.
먼저 원서를 통해 미국 초등학교를 배경으로 펼쳐지는
톡톡 튀는 이야기를 재미있게 읽고,
워크북을 통해 단계별로 차근차근 공부해 보세요!

 원서의 구성

별책으로 분리해서 가볍게 읽을 수 있는 영어 원서!
가독성을 위해 수입 원서의 판형을 시원하게 키우면서,
알록달록하고 개성 있는 일러스트는 그대로 유지했습니다.

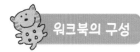 **워크북의 구성**

원서의 한국어 번역과 함께, 혼자서도 차근차근 공부할 수 있도록
다양한 단어·쓰기 활동들을 단계별로 담았습니다.

한국어 번역 `p.5~32`

워크북에 담긴 한국어 번역의 페이지 번호는 영어 원서와
동일하게 유지했고, 최대한 직역에 가깝게 번역했습니다.
원서를 읽다가 이해가 가지 않는 부분이 있으면,
워크북의 같은 페이지를 펼쳐서 번역을 확인해 보세요!

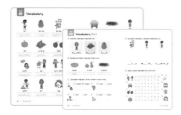

Vocabulary & Vocabulary Quiz `p.34~37`

원서에서 선별한 핵심 단어들을 아기자기한 일러스트와 함께
확인하고, 직접 따라 쓰면서 공부해 보세요. 이어서 다양한
단어 퀴즈들을 통해 앞에서 공부한 단어들을 복습할 수 있습니다.

Let's Practice! `p.38~53`

원서에서 선별한 핵심 문장들을 통해 총 8가지 문장 패턴을
학습할 수 있습니다. 추가로 제공되는 단어·표현들을 가지고
패턴 문장들을 응용해서 써 보고, 받아쓰기로 마무리해 보세요!

Let's Fill In! p.54~61

앞에서 공부한 패턴 문장들로 이루어진 다양한 글들의 빈칸을
채워 보세요. 지문의 종류는 일기, 편지, 문자 등으로
이루어져 있어서 손쉬운 실생활 적용이 가능합니다.

Let's Write! p.62~65

패턴 문장들로 이루어진 글들을 그대로 따라 쓰면서
긴 호흡의 글쓰기를 연습해 보세요. 지문의 내용은 영어 원서와
자연스럽게 연결되어 있어서 흥미를 잃지 않을 수 있습니다.

My Diary p.66

마지막 총 정리의 시간! 앞에서 공부한 패턴 문장들,
그리고 다채롭게 주어진 힌트들을 가지고 나만의 일기를 완성해 보세요.

Fun Fact p.67

주어진 활동들을 모두 마쳤다면, 원서의 내용과 관련된
미국 초등학교 생활에 관한 흥미로운 정보를 읽어 보세요.
원서의 줄거리를 떠올리면서 미국 현지 문화를 자연스럽게 엿볼 수 있습니다.

Answers p.68~70

워크북의 맨 끝에는 앞에서 공부한 활동들의 정답을 담았습니다.
영어 실력을 얼마나 쌓았는지 확인해 보세요!

추천 진도표 ✏️

QR 코드를 인식해서 효린파파 선생님이 직접 작성한 진도표를 다운받아 보세요!
「로빈 힐 스쿨」을 효과적으로 활용해서 공부할 수 있도록, 원서와 워크북의 학습 요소들을
10일 분량으로 나눈 추천 진도표를 PDF 파일로 제공합니다.

"너희의 외투를 입으렴!"

코너 선생님이 말했습니다.

코너 선생님의 반 아이들은

현장 학습을

호박밭으로

갈 것이었어요!

케이티가 가장 먼저 준비를 마쳤습니다.
케이티는 얼른
완벽한 호박을
찾고 싶었어요.

버스를 타고 가는 길은 길었습니다.

가는 길 내내,
케이티는 완벽한 호박을
상상했어요.

호박밭에는

많고 많은 호박들이

있었습니다.

"너희는 각자
호박 한 개를
집으로 가져가도 좋아."
코너 선생님이 말했습니다.
"신중하게 골라 보렴."

케이티는 호박 찾기를
시작했습니다.

케이티는 덩굴 아래를
찾아보았어요.

케이티는 짚 속도
확인했습니다.

그리고 진흙 속을
살펴보기도 했어요.

마침내 케이티는 찾았습니다—
완벽한 호박을요!

코너 선생님의 반 아이들은

다시 버스에 올라탔습니다.

아이들은 자신들의 호박을
자랑했습니다.

"내 것은 동그래."
엠마가 말했어요.

"내 것은 길쭉해."
아이아나가 말했습니다.

"내 것은 커다래." 닐이 말했어요.

"케이티의 호박 좀 봐!"
제임스가 말했습니다.
"정말 작아."

케이티의 호박은 작았습니다.

매우, 매우 작았어요.

케이티는 기분이 좋지 않았습니다.

케이티의 호박은

완벽하지 않았거든요.

케이티는 자신의 호박으로 집으로 가져갔습니다.

"저는 나쁜 호박을 골랐어요."

케이티는 자신의 아빠에게 말했습니다.

"그건 나쁜 호박이 아니야."

아빠가 말했습니다.

"그건 좋은 호박이란다.

아빠가 네게 보여 줄게."

케이티의 아빠는
호박을 익혔습니다.
그리고 나서 그 호박을
조각조각 잘랐습니다.

케이티는 그 조각들을 으깼습니다.

그리고 케이티와 아빠는 파이를 만들었어요.

케이티는 파이를
학교에 가져갔습니다.

"제 호박은 자그마했어요."

케이티가 말했습니다.

"그런데 그 호박은 달았어요!

이제 그건 파이가 되었어요."

아이들은 케이티의 호박 파이를

굉장히 좋아했어요.

"네 호박은 완벽했어!"

제임스가 말했습니다.

`Activities

A
BC

Katie의 이야기는
재미있게 읽었나요?

★ ★ ★

이제 **Katie**의 이야기에 기반해서
여섯 파트로 이루어진
다양한 활동들을 준비했어요.
단어장부터 문장·문단 쓰기까지,
차근차근 따라서 공부하다 보면
어느새 나만의 글을 쓸 수 있을 거예요.

QR 코드를 인식해서,
앞에서 읽은 이야기를 떠올리면서
원서 오디오북을 다시 한번 들어 보세요!

PUMPKINS

PART 01 Vocabulary

입다

put on

외투, 코트

coat

현장 학습

field trip

호박

pumpkin

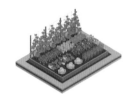

밭, 작은 땅

patch

완벽한

perfect

상상하다

imagine

많은

lots of

고르다, 선택하다

choose

신중하게

carefully

찾기

search

덩굴

vine

짚

straw

진흙

mud

자랑하다, 뽐내다

show off

둥근

round

긴, 키가 큰

tall

고르다, 따다

pick

익히다, 요리하다

cook

자르다
(과거형 cut)

cut

조각

piece

으깨다

mash

파이

pie

달콤한

sweet

A 빈칸을 채워 그림에 알맞은 단어를 완성해 보세요.

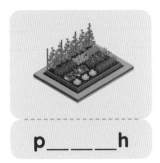

s_e_a_rc_h_   p_____h   c___t

B 알파벳을 바르게 배열하여 그림에 알맞은 단어를 써 보세요.

i p e   t l a l   u m d

pie

C 그림에 알맞은 단어를 골라 ✔ 표시하고, 칸에 맞춰 다시 한번 써 보세요.

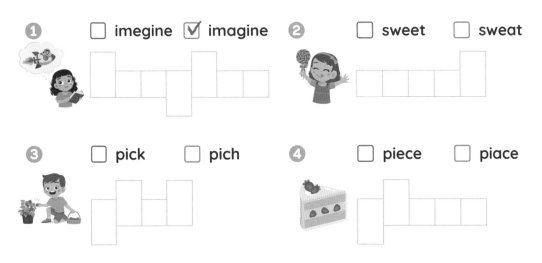

① ☐ imegine ☑ imagine

② ☐ sweet ☐ sweat

③ ☐ pick ☐ pich

④ ☐ piece ☐ piace

D 그림에 알맞은 단어를 연결하고, 빈칸을 채워 단어를 완성해 보세요.

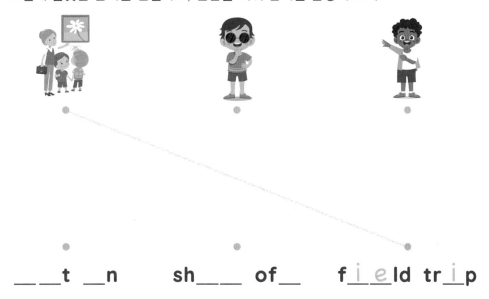

___t _n   sh___ of__   f i e ld tr i p

E 그림을 보고 알맞은 단어를 퍼즐에서 찾아 표시해 보세요.

d	w	c	h	o	o	s	e
p	e	r	f	e	c	t	h
u	j	x	q	p	n	r	m
m	a	s	h	k	u	a	o
p	t	x	c	n	v	w	h
k	j	s	o	q	i	l	p
i	k	r	o	u	n	d	n
n	v	c	k	h	e	v	k

Let's Practice!

A 다음 문장을 소리 내어 읽고, 차근차근 따라 써 보세요.

Put on your coats.

너희의 외투를 입으렴.

STEP 1 Put on

~을 입으렴.

STEP 2 Put on your

너희의 ~을 입으렴.

STEP 3 Put on your coats.

너희의 외투를 입으렴.

다시 한번 써 보세요!

B QR 코드를 인식해서, 주어진 단어를 듣고 한 번씩 따라 써 보세요. 🎧

① boots 부츠

boots

② hats 모자

hats

③ gloves 장갑

gloves

④ raincoats 비옷

raincoats

C 주어진 단어를 사용해서 문장을 따라 쓰고 완성해 보세요.

1 너희의 장화를 신으렴. boots

Put on your boots.

2 너희의 비옷을 입으렴. raincoats

Put on your

3 너희의 모자를 쓰렴. hats

Put on

4 너희의 장갑을 끼렴. gloves

Put on

D QR 코드를 인식해서, 문장을 듣고 받아 써 보세요.

1

2

Let's Practice!

A 다음 문장을 소리 내어 읽고, 차근차근 따라 써 보세요.

The class was going on a field trip to the pumpkin patch.

반 아이들은 현장 학습을 호박밭으로 갈 것이었어요.

STEP 1 The class was going on

반 아이들은 ~을 갈 것이었어요.

STEP 2 The class was going on a field trip

반 아이들은 현장 학습을 갈 것이었어요.

STEP 3 The class was going on a field trip

to the pumpkin patch.

반 아이들은 현장 학습을 호박밭으로 갈 것이었어요.

B QR 코드를 인식해서, 주어진 표현을 듣고 한 번씩 따라 써 보세요. 🎧

❶ park 공원

park

❷ farm 농장

farm

❸ museum 박물관

museum

❹ animal shelter 동물 보호소

animal shelter

C 주어진 표현을 사용해서 문장을 따라 쓰고 완성해 보세요.

1 반 아이들은 현장 학습을 박물관으로 갈 것이었어요.　　　the museum

The class was going on a field trip
to the museum.

2 반 아이들은 현장 학습을 공원으로 갈 것이었어요.　　　the park

The class was

3 반 아이들은 현장 학습을 동물 보호소로 갈 것이었어요.　　　the animal shelter

The class

D QR 코드를 인식해서, 문장을 듣고 받아 써 보세요. 🎧

Let's Practice!

A 다음 문장을 소리 내어 읽고, 차근차근 따라 써 보세요.

Katie could not wait to find the perfect pumpkin.

케이티는 얼른 완벽한 호박을 찾고 싶었어요.

STEP 1 Katie

케이티는

STEP 2 Katie could not wait to

케이티는 얼른 ~하고 싶었어요.

STEP 3 Katie could not wait to

find the perfect pumpkin.

케이티는 얼른 완벽한 호박을 찾고 싶었어요.

B QR 코드를 인식해서, 주어진 표현을 듣고 한 번씩 따라 써 보세요. 🎧

❶ **ride a bike** 자전거를 타다

ride a bike

❷ **pick fruit** 과일을 따다

pick fruits

❸ **buy postcards** 엽서들을 사다

buy postcards

❹ **help animals** 동물들을 돕다

help animals

C 주어진 표현을 사용해서 문장을 따라 쓰고 완성해 보세요.

1 나는 얼른 자전거를 타고 싶었어요.   ride a bike

I could not wait to

ride a bike.

2 그는 얼른 과일을 따고 싶었어요.   pick fruit

He could not wait to

3 그녀는 얼른 엽서들을 사고 싶었어요.   buy postcards

She

D QR 코드를 인식해서, 문장을 듣고 받아 써 보세요.

Let's Practice!

A 다음 문장을 소리 내어 읽고, 차근차근 따라 써 보세요.

The bus ride was long.

버스를 타고 가는 길은 길었어요.

STEP 1 The bus ride

버스를 타고 가는 길은

STEP 2 The bus ride was

버스를 타고 가는 길은 ~이었어요.

STEP 3 The bus ride was long.

버스를 타고 가는 길은 길었어요.

다시 한번 써 보세요!

B QR 코드를 인식해서, 주어진 단어를 듣고 한 번씩 따라 써 보세요. 🎧

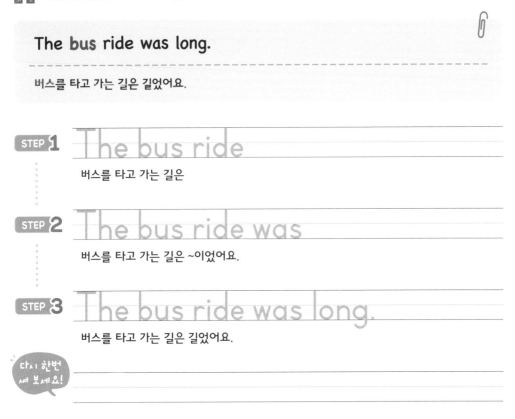

① **train** 기차

train

② **subway** 지하철

subway

③ **taxi** 택시

taxi

④ **plane** 비행기

plane

C 주어진 단어를 사용해서 문장을 따라 쓰고 완성해 보세요.

1 지하철을 타고 가는 길은 길었어요.   subway

The subway ride was long.

2 비행기를 타고 가는 길은 길었어요.   plane

was long.

3 기차를 타고 가는 길은 길었어요.   train

long.

4 택시를 타고 가는 길은 길었어요.   taxi

long.

D QR 코드를 인식해서, 문장을 듣고 받아 써 보세요. 🎧

1

2

Let's Practice!

A 다음 문장을 소리 내어 읽고, 차근차근 따라 써 보세요.

There were lots and lots of pumpkins.

많고 많은 호박들이 있었어요.

STEP 1 There were

~이 있었어요.

STEP 2 There were lots and lots of

많고 많은 ~이 있었어요.

STEP 3 There were lots and lots of

pumpkins.

많고 많은 호박들이 있었어요.

B QR 코드를 인식해서, 주어진 단어를 듣고 한 번씩 따라 써 보세요.

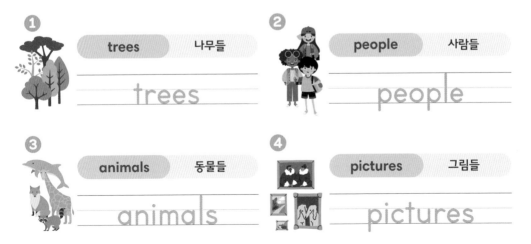

① trees 나무들

trees

② people 사람들

people

③ animals 동물들

animals

④ pictures 그림들

pictures

C 주어진 단어를 사용해서 문장을 따라 쓰고 완성해 보세요.

1 많고 많은 동물들이 있었어요.　　　　　　　animals

There were lots and lots of

animals.

2 많고 많은 나무들이 있었어요.　　　　　　　trees

There were

3 많고 많은 그림들이 있었어요.　　　　　　　pictures

There

D QR 코드를 인식해서, 문장을 듣고 받아 써 보세요.

Let's Practice!

A 다음 문장을 소리 내어 읽고, 차근차근 따라 써 보세요.

They showed off their pumpkins.

그들은 자신의 호박들을 자랑했어요.

STEP **1** They

그들은

STEP **2** They showed off

그들은 자랑했어요.

STEP **3** They showed off their pumpkins.

그들은 자신의 호박들을 자랑했어요.

다시 한번 써 보세요!

B QR 코드를 인식해서, 주어진 단어를 듣고 한 번씩 따라 써 보세요. 🎧

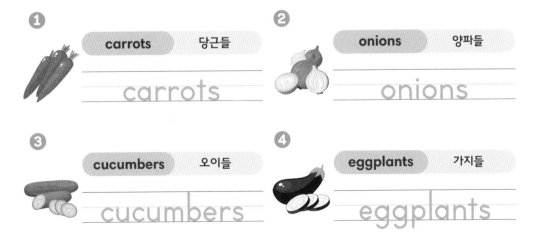

1 carrots 당근들

carrots

2 onions 양파들

onions

3 cucumbers 오이들

cucumbers

4 eggplants 가지들

eggplants

C 주어진 표현을 사용해서 문장을 따라 쓰고 완성해 보세요.

1 나는 나의 오이들을 자랑했어요.　　　　　　　　my cucumbers

I showed off my cucumbers.

2 그녀는 자신의 가지들을 자랑했어요.　　　　　　her eggplants

She showed off

3 나는 나의 당근들을 자랑했어요.　　　　　　　　my carrots

I

4 그는 자신의 양파들을 자랑했어요.　　　　　　　his onions

He

D QR 코드를 인식해서, 문장을 듣고 받아 써 보세요.

1

2

Let's Practice!

A 다음 문장을 소리 내어 읽고, 차근차근 따라 써 보세요.

Katie took her pumpkin home.

케이티는 자신의 호박을 집으로 가져갔어요.

STEP 1 Katie took

케이티는 가져갔어요.

STEP 2 Katie took her pumpkin

케이티는 자신의 호박을 가져갔어요.

STEP 3 Katie took her pumpkin home.

케이티는 자신의 호박을 집으로 가져갔어요.

다시 한번
써 보세요!

B QR 코드를 인식해서, 주어진 단어를 듣고 한 번씩 따라 써 보세요. 🎧

1. **apple** 사과

   apple

2. **orange** 오렌지

   orange

3. **watermelon** 수박

   watermelon

4. **grapes** 포도

   grapes

C 주어진 표현을 사용해서 문장을 따라 쓰고 완성해 보세요.

1 나는 나의 포도를 집으로 가져갔어요.　　　　　　　　　my grapes

I took my grapes home.

2 그는 자신의 오렌지를 집으로 가져갔어요.　　　　　　　his orange

He took

3 나는 나의 사과를 집으로 가져갔어요.　　　　　　　　　my apple

I

4 그녀는 자신의 수박을 집으로 가져갔어요.　　　　　　her watermelon

She

D QR 코드를 인식해서, 문장을 듣고 받아 써 보세요.

1

2

Let's Practice!

A 다음 문장을 소리 내어 읽고, 차근차근 따라 써 보세요.

They made a pie.

그들은 파이를 만들었어요.

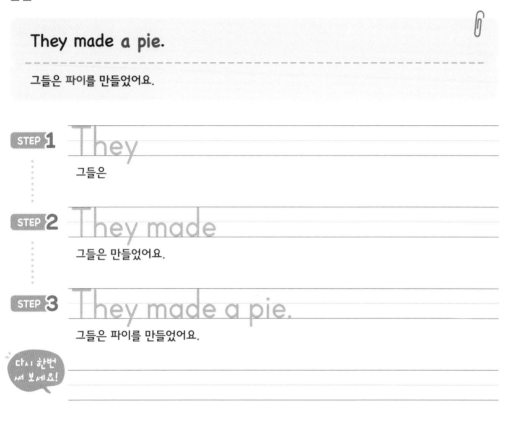

STEP **1** They

그들은

STEP **2** They made

그들은 만들었어요.

STEP **3** They made a pie.

그들은 파이를 만들었어요.

다시 한번 써 보세요!

B QR 코드를 인식해서, 주어진 단어를 듣고 한 번씩 따라 써 보세요. 🎧

① cake   케이크

cake

② salad   샐러드

salad

③ soup   수프

soup

④ sandwich   샌드위치

sandwich

C 주어진 표현을 사용해서 문장을 따라 쓰고 완성해 보세요.

1 나는 수프를 만들었어요.
a soup

I made a soup.

2 우리는 케이크를 만들었어요.
a cake

We made

3 나는 샌드위치를 만들었어요.
a sandwich

I

4 그들은 샐러드를 만들었어요.
a salad

They

D QR 코드를 인식해서, 문장을 듣고 받아 써 보세요.

1

2

A 보기에 주어진 표현을 사용해서 Katie의 하루를 완성해 보세요.

보기

apple

gloves

pick fruit

cake

the farm

grapes

"Put on your ___gloves___!" said Mrs. Connor.

"너희의 장갑을 끼렴!" 코너 선생님이 말했어요.

The class was going on a field trip to _____.

반 아이들은 현장 학습을 농장으로 갈 것이었어요.

Katie could not wait to _____.

케이티는 얼른 과일을 따고 싶었어요.

She picked lots and lots of fruit.

케이티는 많고 많은 과일을 땄습니다.

She took her _____, orange, and _____ home.

케이티는 자신의 사과, 오렌지, 그리고 포도를 집으로 가져갔어요.

At home, Katie made a fruit _____.

집에서, 케이티는 과일 케이크를 만들었어요.

B 왼쪽에 있는 Katie의 하루를 보고, '나'의 일기로 바꿔 써 보세요.

잘 생각이 나지 않으면 아래의 우리말 힌트를 참고해도 좋아요.

Title: The Field Trip
☺ <u>June 19th, Tuesday</u>

" [Put] [   ] your gloves!" said Mrs. Connor.

Our [   ] was going on

[ ] [   ] [   ] to the farm.

I could not [   ] to pick fruit.

I picked lots and lots of fruit.

I took my apple, orange, and grapes

[   ].

At home, [ ] [   ] a fruit cake.

우리말 힌트

"너희의 장갑을 끼렴!" 코너 선생님이 말씀하셨다. 우리 반 아이들은 현장 학습을 농장으로 갈 것이었다. 나는 얼른 과일을 따고 싶었다. 나는 많고 많은 과일을 땄다. 나는 내 사과, 오렌지, 그리고 포도를 집으로 가져갔다. 집에서, 나는 과일 케이크를 만들었다.

Let's Fill In!

A 에 주어진 표현을 사용해서 Katie의 하루를 완성해 보세요.

보기

home
cucumbers
a salad
trees
eggplants

Katie and her family went to the vegetable garden.

케이티와 케이티의 가족은 채소밭에 갔어요.

There were lots and lots of _____ and vegetables.

많고 많은 나무들과 채소들이 있었습니다.

Katie picked big cucumbers and tall eggplants.

케이티는 커다란 오이들과 길쭉한 가지들을 땄어요.

She showed off her _____ and _____.

케이티는 자신의 오이들과 가지들을 자랑했어요.

She took her vegetables _____.

케이티는 자신의 채소들을 집으로 가져갔어요.

Later, Katie made _____ with her dad.

나중에, 케이티는 자신의 아빠와 샐러드를 만들었어요.

B 왼쪽에 있는 Katie의 하루를 보고, 보기 에 주어진 표현을 사용해서 Katie가 할머니에게 쓴 편지를 완성해 보세요.

보기   picked | I made | there were | I took | vegetable | showed off

Dear Grandma,

I went to the [vegetable] garden.
저는 채소밭에 갔어요.

[　　　　　] lots and lots of trees and vegetables.
많고 많은 나무들과 채소들이 있었어요.

I [　　　] big cucumbers and tall eggplants.
저는 커다란 오이들과 길쭉한 가지들을 땄어요.

I [　　　　] my cucumbers and eggplants.
저는 제 오이들과 가지들을 자랑했어요.

[　　　] my vegetables home.
저는 제 채소들을 집으로 가져갔어요.

Later, [　　　] a salad with Dad.
나중에, 저는 아빠와 샐러드를 만들었어요.

It was yummy!
샐러드는 맛있었어요!

Love, Katie

Let's Fill In!

A 에 주어진 표현을 사용해서 Katie의 하루를 완성해 보세요.

보기

happy
help animals
hats
bus
the animal shelter
animals

"Put on your _____!" said Mrs. Connor.

"너희의 모자를 쓰렴!" 코너 선생님이 말했어요.

Katie's class was going on a field trip to

_____.

케이티의 반 아이들은 현장 학습을 동물 보호소로 갈 것이었어요.

The _____ ride was long.

버스를 타고 가는 길은 길었습니다.

Katie could not wait to _____.

케이티는 얼른 동물들을 돕고 싶었어요.

At the animal shelter, there were lots and lots of

_____.

동물 보호소에는, 많고 많은 동물들이 있었습니다.

Katie was _____ to help the animals.

케이티는 동물들을 도와서 행복했어요.

왼쪽에 있는 Katie의 하루를 보고, '나'의 일기로 바꿔 써 보세요.

Title: The Animal Shelter 🙂 May 12th, Wednesday

" [_____] [_____] your hats!" said Mrs. Connor.

Our class [_____] [_____] [_____]

a field trip to the animal shelter.

The bus [_____] was long.

I [_____] [_____] wait to help animals.

At the animal shelter, there were

[_____] [_____] [_____] [_____] animals.

I was happy to help the animals.

우리말힌트

"너희의 모자를 쓰렴!" 코너 선생님이 말씀하셨다. 우리 반 아이들은 현장 학습을 동물 보호소로 갈 것이었다. 버스를 타고 가는 길은 길었다. 나는 얼른 동물들을 돕고 싶었다. 동물 보호소에는, 많고 많은 동물들이 있었다. 나는 동물들을 도와서 행복했다.

PART 04 Let's Fill In!

A 에 주어진 표현을 사용해서 Katie의 하루를 완성해 보세요.

보기

soup
the museum
pictures
buy postcards
subway

On Sunday, Katie went to _____ with her dad.

일요일에, 케이티는 자신의 아빠와 미술관에 갔어요.

The _____ ride was long.

지하철을 타고 가는 길은 길었어요.

At the museum, there were lots and lots of _____.

미술관에는, 많고 많은 그림들이 있었습니다.

Katie could not wait to _____.

케이티는 얼른 엽서들을 사고 싶었어요.

Katie and her dad had _____ and sandwiches for lunch.

케이티와 케이티의 아빠는 점심으로 수프와 샌드위치를 먹었어요.

B 왼쪽에 있는 Katie의 하루를 보고, 보기 에 주어진 표현을 사용해서 Katie와 Michael의 문자 대화를 완성해 보세요.

보기   could not wait to | at the museum | was long | there were | a sandwich

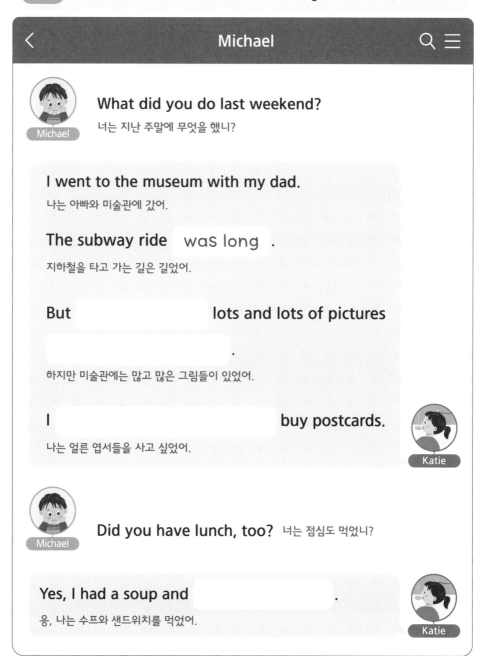

Michael

What did you do last weekend?
너는 지난 주말에 무엇을 했니?

I went to the museum with my dad.
나는 아빠와 미술관에 갔어.

The subway ride   was long   .
지하철을 타고 가는 길은 길었어.

But   **lots and lots of pictures**

.

하지만 미술관에는 많고 많은 그림들이 있었어.

I   **buy postcards.**
나는 얼른 엽서들을 사고 싶었어.

Did you have lunch, too? 너는 점심도 먹었니?

Yes, I had a soup and   .
응, 나는 수프와 샌드위치를 먹었어.

Let's write!

A 앞에서 공부한 내용을 떠올리면서, Katie의 친구 Neil의 하루를 따라 써 보세요.

1 "네 부츠를 신으렴!" 닐의 아빠가 말했어요.

"Put on your boots!" said Neil's dad.

2 닐의 가족은 소풍을 공원으로 갈 것이었어요.

Neil's family was going on a picnic
to the park.

3 택시를 타고 가는 길은 길었습니다.

The taxi ride was long.

④ 닐은 얼른 자전거를 타고 싶었어요.

Neil could not wait to ride a bike.

⑤ 많고 많은 사람들이 공원에 있었습니다.

There were lots and lots of people
at the park.

⑥ 닐은 사람들과 함께 자전거를 탔어요.

Neil rode a bike with them.

Let's Write!

B 앞에서 공부한 내용을 떠올리면서, Katie의 친구 Michael의 하루를 따라 써 보세요.

1 마이클의 반 아이들은 현장 학습을 농장으로 갈 것이었어요.

Michael's class was going on

a field trip to the farm.

2 농장은 정말 컸어요!

The farm was very big!

3 마이클은 동그란 양파들을 캤어요.

Michael dug up some round onions.

4 마이클은 자신의 양파들을 자랑했습니다.

He showed off his onions.

5 마이클은 많고 많은 과일들도 땄어요.

He also picked lots and lots of fruits.

6 마이클은 자신의 수박을 집으로 가져갔어요.

Michael took his watermelon home.

7 나중에, 마이클은 자신의 엄마와 샐러드를 만들었어요.

Later, he made a salad with his mom.

My Diary

나의 일기에 사용할 표현을 네 개 골라 ◯ 표시하고, 고른 표현들을 사용해서
그림 일기를 완성해 보세요.

Expression Box

❶	❷	❸	❹
the mountains 산	swim 수영하다	plants 식물들	many souvenirs 많은 기념품들
the lake 호수	see the shark 상어를 보다	fish 물고기들	my photos 많은 사진들
the aquarium 수족관	eat snacks 간식을 먹다	tourists 관광객들	my videos 많은 영상들

Date: _____ Weather: ☀ ☁ ☂ ❄

Our class was going on a field trip to
1   .

I could not wait to ²   .

There were lots and lots of ³   .

I took ⁴   home.

엉뚱하고 재미있는 글이 되어도 좋아요.

FUN FACT

현장 학습: 학교 밖에서의 특별한 날

현장 학습은 학교 밖으로 떠나는 흥미진진한 소풍과 같아요! 미국의 초등학교에서는, 가끔씩 선생님들이 아이들을 데리고 동물원, 박물관, 혹은 공원처럼 신나는 곳으로 현장 학습을 떠납니다. 현장 학습 동안, 아이들은 교실에서는 볼 수 없었던 새로운 것들을 보고 익혀요. 아이들은 동물들을 만나고, 커다란 그림들을 감상하고, 심지어 어떻게 맛있는 빵이 만들어지는지도 볼 수 있어요. 현장 학습은 아이들이 즐거운 탐험을 누릴 수 있기 때문에 특별한 날이랍니다!

Answers

36p

A search / patch / coat

B pie / tall / mud

C 1 ☐ imegine   ☑ imagine

   2 ☑ sweet   ☐ sweat

   3 ☑ pick   ☐ pich

   4 ☑ piece   ☐ piace

37p

D

put on   show off   field trip

E

d	w	c	h	o	o	s	e
p	e	r	f	e	c	t	h
u	j	x	q	p	n	r	m
m	a	s	h	k	u	a	o
p	t	x	c	n	v	w	h
k	j	s	o	q	i	l	p
i	k	r	o	u	n	d	n
n	v	c	k	h	e	v	k

39p

C 2 Put on your raincoats.

   3 Put on your hats.

   4 Put on your gloves.

D 1 Put on your gloves.

   2 Put on your raincoats.

41p

C 2 The class was going on a field trip to the park.

   3 The class was going on a field trip to the animal shelter.

D The class was going on a field trip to the farm.

43p

C 2 He could not wait to pick fruit.

   3 She could not wait to buy postcards.

D I could not wait to help animals.

45p

C 2 The plane ride was long.

   3 The train ride was long.

   4 The taxi ride was long.

D 1 The train ride was long.

   2 The plane ride was long.

47p

C 2 There were lots and lots of trees.

   3 There were lots and lots of pictures.

D There were lots and lots of people.

C 2 She showed off her eggplants.
  3 I showed off my carrots.
  4 He showed off his onions.

D 1 I showed off my onions.
  2 She showed off her eggplants.

C 2 He took his orange home.
  3 I took my apple home.
  4 She took her watermelon home.

D 1 I took my watermelon home.
  2 He took his apple home.

C 2 We made a cake.
  3 I made a sandwich.
  4 They made a salad.

D 1 I made a sandwich.
  2 They made a cake.

PART 04 Let's Fill In!

A "Put on your gloves!" said Mrs. Connor.
  The class was going on a field trip to the
  farm.
  Katie could not wait to pick fruit.
  She picked lots and lots of fruit.
  She took her apple, orange, and grapes
  home.
  At home, Katie made a fruit cake.

B "Put on your gloves!" said Mrs. Connor.
  Our class was going on a field trip to
  the farm.
  I could not wait to pick fruit.
  I picked lots and lots of fruit.
  I took my apple, orange, and grapes home.
  At home, I made a fruit cake.

A Katie and her family went to the vegetable
  garden.
  There were lots and lots of trees and
  vegetables.
  Katie picked big cucumbers and tall
  eggplants.
  She showed off her cucumbers and
  eggplants.
  She took her vegetables home.
  Later, Katie made a salad with her dad.

57p

B Dear Grandma,

I went to the vegetable garden.

There were lots and lots of trees and vegetables.

I picked big cucumbers and tall eggplants.

I showed off my cucumbers and eggplants.

I took my vegetables home.

Later, I made a salad with Dad.

It was yummy!

Love, Katie

58p

A "Put on your hats!" said Mrs. Connor.

Katie's class was going on a field trip to the animal shelter.

The bus ride was long.

Katie could not wait to help animals.

At the animal shelter, there were lots and lots of animals.

Katie was happy to help the animals.

59p

B " Put on your hats!" said Mrs. Connor.

Our class was going on a field trip to the animal shelter.

The bus ride was long.

I could not wait to help animals.

At the animal shelter, there were lots and lots of animals.

I was happy to help the animals.

60p

A On Sunday, Katie went to the museum with her dad.

The subway ride was long.

At the museum, there were lots and lots of pictures.

Katie could not wait to buy postcards.

Katie and her dad had soup and sandwiches for lunch.

61p

B Michael

What did you do last weekend?

Katie

I went to the museum with my dad.

The subway ride was long .

But there were lots and lots of pictures at the museum .

I could not wait to buy postcards.

Michael

Did you have lunch, too?

Katie

Yes, I had a soup and a sandwich .

PART 06 My Diary

66p

Example

Our class was going on a field trip to the aquarium.

I could not wait to see the shark.

There were lots and lots of tourists.

I took many photos home.

MEMO

 호박밭 소동

초판 발행   2024년 5월 20일

지은이   마거릿 맥나마라, 성기홍, 롱테일 교육 연구소
그림   마이크 고든
책임편집   명채린
편집   김지혜
디자인   오현정, 박새롬
마케팅   두잉글 사업 본부

펴낸이   이수영
펴낸곳   롱테일북스
출판등록   제2015-000191호
주소   04033 서울특별시 마포구 양화로 113, 3층(서교동, 순흥빌딩)
전자메일   team@ltinc.net

이 도서는 대한민국에서 제작되었습니다.

ISBN 979-11-93992-03-6 13740